Madeleine VERNET

L'AVENIR SOCIAL

Société philanthropique d'Éducation mixte et laïque

Le soir, au seuil de sa demeure
Heureux celui qui sait encor
Ramasser un enfant qui pleure
Comme un avare un sequin d'or!...

...Oh! Voilà surtout ceux que j'aime,
Faibles fronts dans l'ombre engloutis,
Parés d'un triple diadème :
Innocents, pauvres et petits !

Victor Hugo.

JANVIER 1906

PARIS

L'ÉMANCIPATRICE, Imprimerie Communiste
3, Rue de Pondichéry, 3

1906

L'AVENIR SOCIAL

Société philanthropique d'Éducation mixte et laïque

Fondée par Mme Madeleine VERNET

ET PLACÉE SOUS LE PATRONAGE DE :

MM.

Francis de PRESSENSÉ, député du Rhône;
le docteur MESLIER, député de la Seine;
Ferdinand BUISSON, député de la Seine, président de la Ligue de l'Enseignement;
Charles BEAUQUIER, député du Doubs;
Charles DUMONT, député du Jura;
Marcel SEMBAT, député de Paris;
Jean COLLY, conseiller municipal de Paris;
L. PARIS, conseiller municipal de Paris;
le docteur NAVARRE, conseiller municipal de Paris;
Pierre RENAUDEL, rédacteur au *Socialiste;*
Léon VANNOS, rédacteur aux *Annales de la Jeunesse laïque;*
LÉVY-OULMANN, avocat à la Cour d'appel;
Maurice JUNCKER, avocat à la Cour d'appel;
Paul ROBIN, ancien directeur de l'École de Cempuis;
Henry GODET, sculpteur;

Mmes

Odette LAGUERRE, publiciste;
Nelly ROUSSEL, rédactrice à *l'Action.*

N. B. — Ce Comité de patronage n'est pas définitif. Sa composition entière sera publiée ultérieurement.

Aux Amis, aux Lecteurs !

I. Pourquoi fut créé « l'Avenir Social »

Ce n'est pas l'œuvre d'un jour ; c'est le résultat de trois années de patientes réflexions, d'études, de calculs ; et si enfin aujourd'hui j'en entreprends la réalisation, c'est que je crois pouvoir le faire.

L'éducation est, à mon point de vue, le meilleur facteur de l'évolution. C'est chez l'enfant qu'il faut préparer l'homme ; et si l'on veut une société composée d'individus conscients, sains de corps et de pensée, capables d'agir librement avec dignité, équité et raison, des individus forts et sages tout ensemble, c'est avec une éducation saine, forte et sage qu'il faut les préparer. En un mot, pour faire des individus libres — et capables de l'être — il faut tout d'abord ne point donner à l'enfant une éducation d'esclave. Il faut dégager l'éducation de la vieille routine en laquelle elle reste enserrée, et la débarrasser des préjugés et des mensonges sur lesquels on l'appuie.

Bien que les programmes scolaires laissent encore fort à désirer, on sent néanmoins passer sur eux un souffle de cette idée évolutionniste. Nul doute qu'avec le temps ils se débarrassent complètement du vieux legs des siècles d'obscurantisme et d'erreur.

Mais il est des enfants qui, de cette évolution, ne bénéficient pas. Ce sont les enfants des classes pauvres que, pour une raison ou pour une autre, on confie pour une modeste pension à ces établissements d'étiquette charitable, hier encore franchement religieux, aujourd'hui laïcisés de forme, mais restés cléricaux quant au fond.

L'année dernière, une jeune femme, veuve avec deux enfants qu'elle avait dû confier à l'un de ces établissements, me disait : « J'aurais certes préféré les mettre ailleurs ; mais on ne trouve rien dans ces prix. Les autres pensions c'est soixante francs au moins par mois ».

Et c'est vrai. Il n'existe pas de pensions à bas prix où soit donnée une éducation purement laïque, éclairée et saine. Toutes ont un caractère religieux. Et c'est naturel puisqu'elles ont besoin d'un secours d'appoint aux pensions versées par les parents. Ce secours, ce sont les églises et leurs adeptes qui le fournissent.

J'en ai vu quelques-unes de ces pensions dont le système était déplorable ; j'en ai connue une — un établissement de garçons — qui était excellente. Quoique cela, c'était encore un établissement religieux, un asile évangélique reconnu d'utilité publique.

Or, si l'on reconnaît d'utilité publique des institutions de forme confessionnelle, pourquoi n'en pas créer d'autres, absolument laïques et dégagées de toute idée, de toute influence religieuse ?

A l'heure actuelle, cette lacune n'est pas comblée encore. Avant-hier, causant de mon œuvre avec un membre très influent de l'enseignement, ce Monsieur me disait : — « Non, ce que vous tentez n'existe pas. Il arrive fort souvent que des parents pauvres, ne pouvant conserver leurs enfants près d'eux, me demandent conseil sur le choix d'une pension. Eh bien ! je suis fort embarrassé, car je ne connais rien de recommandable. »

C'est donc pour remédier à cela que s'est créé l'*Avenir Social*.

II. Comment s'est constitué « l'Avenir Social ». Son but

Comme on le verra par les statuts, l'*Avenir Social* est une Société. Cette Société — régulièrement constituée et déclarée selon les lois de 1901 — se compose d'un Comité d'action de dix-huit membres.

Tout d'abord j'avais pensé faire une œuvre individuelle, ouvrir une maison où j'aurais reçu de 30 à 50 enfants au maximum. (D'ailleurs ceci je l'ai commencé — avec ma mère et ma sœur — il y a cinq ans ; et c'est de cette première tentative qu'est née celle d'aujourd'hui.) Puis, sur les conseils d'amis dévoués et éclairés, je me décidai à tenter une œuvre plus large, plus vaste, ouverte à tous les petits déshérités de notre société.

Et comme j'avais rencontré des collaboratrices prêtes à se joindre à moi, des collaborateurs s'offrant à me seconder, — je fis de l'œuvre individuelle une œuvre collective, et c'est ainsi que mes amis et moi nous constituâmes l'*Avenir Social*.

Notre but, indiqué par les statuts, c'est de recevoir des enfants, filles et garçons, de 3 à 8 ans, de les conserver jusqu'à 15 ans en leur faisant faire l'apprentissage d'un métier ; — en demandant, pour toute pension, la somme de trente francs par mois, soit un franc par jour pour fournir à l'enfant la nourriture, l'entretien, le vêtement, l'instruction, etc.; enfin tout ce qui lui sera nécessaire pour assurer son développement physique et intellectuel.

Notre programme, c'est de donner à l'enfant une éducation aussi rationnelle que possible, basée sur les lois naturelles qui régissent l'être humain, et non, comme l'est le plus souvent l'éducation, en contradiction directe avec ces lois.

Ce que nous voulons, c'est élever l'enfant pour lui-même ; c'est développer chez lui des idées saines, une raison consciente, l'énergie de la volonté. C'est, en un mot, en faire un être fort et bon à la fois.

Ce que nous voulons encore, c'est lui faire apprendre un métier, non avec l'esprit de routine, mais en développant chez lui l'initiative personnelle. C'est l'éveiller à l'idée d'association, à la vie collective ; c'est lui donner le goût du travail libre, et lui inspirer le mépris de la domesticité. Non contents d'en faire un cerveau libéré des erreurs, nous nous efforcerons d'en faire un travailleur indépendant.

Voilà notre but. Il est assez beau pour que nous employions toutes nos forces à le réaliser.

Pourtant, il est un point, et non des moins essentiels, qui reste à résoudre : c'est le côté économique de la question. Il ne suffit pas d'avoir en main tous les rouages d'un métier, il faut encore posséder le moteur qui leur donnera la vie. De même, il ne suffit pas d'avoir les plus belles idées, les plus vifs désirs de bien faire si, pour les actionner, on ne possède ce puissant levier : l'argent.

Et c'est de l'argent, maintenant, qu'il faut à l'*Avenir social*.

III. **La question budgétaire. — Appel à nos amis.**

Les trente francs par mois de pension sont insuffisants pour réaliser notre programme. Tous calculs faits, jusqu'à la quantité de cent enfants, c'est vingt francs d'appoint qu'il nous faut trouver par enfant et par mois. — Soit, pour cent enfants, vingt-quatre mille francs par an.

Naturellement, ces vingt-quatre mille francs ne doubleront pas si la quantité d'enfants double. De plus, avec les années, les frais diminueront. Mais, pendant les dix premières années, il nous faudra ces vingt francs d'appoint par mois et par enfant.

Où les trouver ? En la solidarité de nos amis; dans la collaboration matérielle de tous ceux qui sont animés des idées qui sont nôtres.

A eux donc, à vous, ami lecteur, nous adressons un appel, non pas un appel à la charité, mais un appel à la solidarité.

La charité ! — nous eussions pu, peut-être, avec des moyens détournés, lui demander de nous fournir l'appui pécuniaire qui nous est nécessaire. Mais ces moyens ne nous plaisent point. — Nous ne voulons pas étayer notre œuvre sur un mensonge.

C'est donc à ceux qui sont nôtres que nous nous adressons; c'est à ceux pour lesquels notre œuvre sera profitable et bonne; — c'est aux travailleurs désireux de voir se transformer les conditions actuelles du travail; — c'est aux penseurs libres, aux affranchis de toutes nuances, qui veulent l'éducation débarrassée de tout ce qui est mensonge ou routine; c'est aux humanitaires épris de justice qui veulent, pour l'enfant infortuné, une éducation aussi intégrale que pour l'enfant des classes fortunées, afin que l'injustice de classe, sous l'effort de cette éducation, disparaisse peu à peu. — Enfin, c'est à tous ceux qui, comme nous, veulent l'affranchissement de tout être humain, à quelqu'ordre social qu'il appartienne.

Nos Statuts portent qu'en versant une cotisation annuelle de six francs on devient membre adhérent de la Société.

Cette cotisation, nous espérons que tous nos amis vont nous l'apporter. Elle est à la portée de tous. On s'abonne bien à un journal amusant; pourquoi ne deviendrait-on pas l'abonné d'une œuvre à la fois humaine et juste? Pourquoi nos amis ne deviendraient-ils pas nos collaborateurs matériels? Pourquoi ne se solidariseraient-ils pas pour faire triompher une cause que nous soutenons ensemble?

Je le disais précédemment, si les établissements religieux sont si nombreux c'est que les Eglises et leurs adeptes les soutiennent. Pourquoi, nous qui luttons contre l'erreur et les servitudes qu'ont fait naître les religions, pourquoi ne soutiendrions-nous pas les œuvres laïques avec autant de persévérance et de dévouement que les croyants soutiennent les œuvres de leur foi ?

Il nous faut quatre mille membres adhérents pour réaliser nos vingt-quatre mille francs par an. Cela n'est pas impossible à trouver. Il suffit qu'on nous connaisse.

A vous tous, amis qui lirez ces pages, j'adresse donc encore un dernier appel. Envoyez-nous votre adhésion et votre cotisation, et parlez de notre tentative à tous ceux que vous connaissez. Intéressez-les à notre œuvre, et demandez-leur de devenir, eux aussi, nos collaborateurs et alliés.

L'œuvre prospérera si on l'aide ; car nous sommes, mes amis et moi, décidés à lui dévouer toutes nos énergies. Nous voulons ! et quiconque veut est fort. Et nous avons confiance en l'avenir si, nous comprenant, ceux qui partagent nos sentiments nous aident à réaliser l'œuvre de bonne éducation, la meilleure et la plus utile des révolutions !

Madeleine VERNET

Janvier 1906.

NOTA

—————

— Nous rappelons que tous nos membres adhérents recevront annuellement le Bulletin contenant l'état administratif de l'œuvre. Ce bulletin les tiendra au courant aussi bien de la situation budgétaire que de la situation morale et leur permettra de s'assurer que la cotisation versée par eux n'est pas détournée de son but.

— Nous rappelons également que la souscription peut être augmentée au gré du souscripteur.

— Nous rappelons aussi qu'en outre des cotisations annuelles nous recevrons avec reconnaissance, de nos amis fortunés, les donations qu'ils pourraient nous faire, pour constituer à la Société le fonds de caisse nécessaire pour parer aux éventualités.

— Enfin, nous rappelons que toute association ou société peut adhérer à l'œuvre, et nous prions tous les groupements laïques de joindre leurs efforts aux nôtres, puisque le nombre d'admissions d'enfants devra être limité aux ressources financières de la Société, et que par conséquent, plus nous aurons de ressources, plus nous pourrons recevoir d'enfants.

M. V.

Comité d'Action de " l'Avenir Social "

Mmes

Madeleine VERNET, publiciste ;
Félicie TEUTSCHER, professeur d'Université, ancienne élève de l'École supérieure de Sèvres ;
Mathilde TEUTSCHER, professeur d'éducation physique ;
Z. FRESNOIS, institutrice ;
A. LECLERCQ, institutrice ;
M. LECLERCQ, institutrice ;
Hélène BRION, institutrice ;
M. SIQUOT, institutrice ;
BROCHART, maîtresse répétitrice à l'École Sophie-Germain ;
J.-B. CAVELIER, rentière ;
Valentine CAVELIER, professeur de travaux manuels ;
EDWARDS-PILLET, docteur médecin ;

MM.

Alfred CURIE, docteur-médecin ;
LAROUSSINIE, docteur-médecin ;
Henri MICHEL, architecte ;
Henri MARTINI, sculpteur, élève de l'École des Beaux-Arts :
Marcel WALCK, étudiant ès lettres ;
Paul PERNY, représentant de commerce.

N. B. — *Tout ce qui concerne* **l'Avenir Social** *doit être adressé à M*me *Madeleine Vernet, 2, rue des Voyageurs, à La Garenne-Colombes (Seine)*.

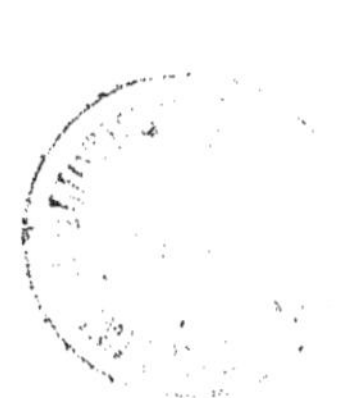

L'AVENIR SOCIAL

SOCIÉTÉ PHILANTHROPIQUE D'ÉDUCATION MIXTE ET LAÏQUE

Statuts et Règlements

Constitution — But — Administration

ARTICLE PREMIER.

Il est fondé une société d'éducation mixte et laïque qui prend pour nom " l'Avenir Social ".

ARTICLE 2.

Elle a pour but l'éducation et l'instruction de l'enfance nécessiteuse.

ARTICLE 3.

Elle se compose d'un Comité exécutif-administratif ou Comité d'action ; d'un Comité de patronage ; de membres bienfaiteurs et de membres adhérents.

ARTICLE 4.

Toute personne versant à l'œuvre une donation d'au moins 200 francs sera inscrite comme membre bienfaiteur.

ARTICLE 5.

Toute personne s'engageant à verser, pendant au moins une durée de trois ans, une cotisation annuelle minimum de six francs, sera inscrite comme membre adhérent. Cette cotisation pourra être augmentée au gré du souscripteur.

ARTICLE 6.

Pourront également être inscrites comme membres adhérents : toute Société coopérative, communiste, syndicaliste, etc., toute Association laïque, maçonnique, libre-penseuse, etc., qui s'engagera à verser annuellement une cotisation fixée par elle-même ; toujours pour une durée minimum de trois années.

ARTICLE 7.

Un bulletin publiera chaque année la liste des membres bienfaiteurs et des membres adhérents, le compte rendu financier, l'état moral et administratif de l'œuvre.

ARTICLE 8.

Ce bulletin sera envoyé individuellement à tous les membres de la Société.

Article 28.

La Société « L'Avenir Social » s'est constituée le 22 décembre 1905. L'œuvre commencera à fonctionner le 1er mai 1906.

Ressources de la Société

Article 29.

Les ressources de la Société seront constituées par :
1° Les pensions versées par les pupilles ;
2° Les cotisations versées par les membres et Sociétés adhérents à l'œuvre ;
3° Les donations en argent et en nature ;
4° Les subventions qui pourront lui être accordées par les pouvoirs publics ;
5° Les libéralités des Sociétés privées ou publiques ;
6° Le concours des conférenciers, artistes, auteurs, publicistes, etc., qui voudront bien faire, à son profit, l'abandon du bénéfice d'une de leurs œuvres.

Article 30.

Les donations versées par les membres bienfaiteurs formeront le fonds de réserve de la Société. Ce fonds de réserve sera placé en valeurs nominatives sur l'État. Il pourra également être employé à l'acquisition d'immeubles ou de terrains nécessaires à la Société.

Modifications aux Statuts

Article 31.

Des modifications pourraient être apportées aux présents Statuts pour une cause grave ou dans l'intérêt de l'œuvre et pour son bon fonctionnement.
Ces modifications, examinées et décidées par le Comité exécutif réuni, seraient soumises au Comité de patronage avant d'être définitivement adoptées.

Dissolution

Article 32.

En cas de dissolution de la Société, l'actif de caisse serait versé à une ou plusieurs Sociétés laïques et libres penseuses s'occupant de l'enfance nécessiteuse et abandonnée.

Légalisation

Article 33.

Les présents Statuts sont déposés conformément à la loi.

ADMINISTRATION : 2. Rue des Voyageurs

A LA GARENNE-COLOMBES (SEINE)

ÉMANCIPATRICE, 3, RUE DE PONDICHÉRY, PARIS (XV) — 11414-2-06.

« L'Avenir Social »

Société Philanthropique d'Éducation mixte et laïque

BULLETIN DE MEMBRE-ADHÉRENT

Je, soussigné

demeurant à , *département*

rue , *N°*

déclare m'inscrire pour trois années membre-adhérent à la Société **L'Avenir Social** *et m'engage à verser annuellement une cotisation de* [1]

SIGNATURE ET DATE :

---

(1) Nous rappelons que la cotisation annuelle ne peut être inférieure à six francs (6 francs), mais qu'elle peut être augmentée au gré du Souscripteur. (*Art. 5 aes Statuts.*)

Voir au verso.

NOTA

1º Nous faisons remarquer qu'on peut être à la
fois membre bienfaiteur et membre-adhérent; la
donation du membre bienfaiteur étant une fois
donnée *(Voir article 4 des Statuts).*

2º Si l'on désire devenir membre bienfaiteur, ne
pas se servir du présent bulletin. Ecrire directement
à la Secrétaire de l'Œuvre.

3º Les cotisations devront être envoyées : la première fois en retournant le bulletin, — les deux
autres fois courant janvier de chaque année. — En
cas d'oubli de la part du Souscripteur, la Société
ferait présenter une quittance postale dans les pre-
miers jours de février.

4º Adresser lettres, bulletins et mandats à
Mme MADELEINE VERNET, Secrétaire-Administra-
trice de la Société, ~~2, rue des Voyageurs, à La
Garenne-Colombes (Seine)~~.

Chaque enfant qu'on enseigne est un homme qu'on gagne...

... Donc, au petit enfant donnez le petit livre,
Marchez la lampe en main pour qu'il puisse vous suivre

. . . .

L'intelligence veut être ouverte ici-bas ;
Le germe a droit d'éclore, et qui ne pense pas
Ne vit pas. — Ces bandits avaient le droit de vivre...

. . . .

Je dis que ces voleurs possédaient un trésor :
Leur pensée immortelle, auguste et nécessaire ;
Je dis qu'ils ont le droit du fond de leur misère
De se tourner vers vous à qui le jour sourit,
Et de vous demander compte de leur esprit.
Je dis qu'ils étaient l'homme et qu'on en fit la brute ;
Je dis que je vous blâme et que je plains leur chute ;
Je dis que ce sont eux qui sont les dépouillés ;
Je dis que les forfaits dont ils se sont souillés
Ont pour point de départ ce qui n'est pas leur faute ?
Pouvaient-ils s'éclairer du flambeau qu'on leur ôte ? —
Ils sont les malheureux et non les ennemis,
Le premier crime fut sur eux-mêmes commis :

— On a de la pensée éteint en eux la flamme ;
Et la Société leur a volé leur âme !

Victor HUGO.

(Extrait des *Quatre Vents de l'Esprit.*)

MAISON D'ÉDUCATION
à NEUILLY-PLAISANCE
par ROSNY-s/-BOIS (Seine)